When I Am Gloomy
Üzgün Olduğumda

Sam Sagolski
Illustrated by Daria Smyslova

www.kidkiddos.com
Copyright ©2025 by KidKiddos Books Ltd.
support@kidkiddos.com

All rights reserved. No part of this book may be reproduced in any form or by any electronic or mechanical means, including information storage and retrieval systems, without written permission from the publisher, except in the case of a reviewer, who may quote brief passages embodied in critical articles or in a review.
First edition, 2025

Translated from English by Muhtesem Kartoglu
İngilizce aslından çeviren: Muhtesem Kartoglu

Library and Archives Canada Cataloguing in Publication
When I Am Gloomy (English Turkish Bilingual edition)/Shelley Admont
ISBN: 978-1-0497-0341-1 paperback
ISBN: 978-1-0497-0342-8 hardcover
ISBN: 978-1-0497-0343-5 eBook

Please note that the English and Turkish versions of the story have been written to be as close as possible. However, in some cases they differ in order to accommodate nuances and fluidity of each language.

One cloudy morning, I woke up feeling gloomy.
Bulutlu bir sabah, kendimi üzgün hissederek uyandım.

I got out of bed, wrapped myself in my favorite blanket, and walked into the living room.
Yataktan kalktım, en sevdiğim battaniyeme sarındım ve oturma odasına yürüdüm.

"Mommy!" I called. "I'm in a bad mood."
"Anne!" diye seslendim. "Kendimi kötü hissediyorum."

Mom looked up from her book. "Bad? Why do you say that, darling?" she asked.
Annem kitabından başını kaldırdı. "Kötü mü? Neden böyle söylüyorsun canım?" diye sordu.

"Look at my face!" I said, pointing to my furrowed brows. Mom smiled gently.
Çatık kaşlarımı işaret ederek "Yüzüme bak!" dedim. Annem hafifçe gülümsedi.

"I don't have a happy face today," I mumbled. "Do you still love me when I'm gloomy?"
"Mutlu bir yüzüm yok bugün." diye mırıldandım. "Beni üzgün olduğumda da seviyor musun?"

"Of course I do," Mom said. "When you're gloomy, I want to be close to you, give you a big hug, and cheer you up."

"Elbette seviyorum." dedi annem. "Sen üzgünken sana daha yakın olmak, sana sıkıca sarılmak ve seni neşelendirmek istiyorum."

That made me feel a little better, but only for a second, because then I started thinking about all my other moods.

Bu beni biraz daha iyi hissettirdi ama sadece bir anlığına, çünkü sonra bütün diğer ruh hallerimi düşünmeye başladım.

"So... do you still love me when I'm angry?"
"Yani… Ben sinirliyken de beni seviyor musun?"

Mom smiled again. *"Of course I do!"*
Annem tekrar gülümsedi. "Elbette seviyorum!"

"Are you sure?" I asked, crossing my arms.
"Emin misin?" diye sordum, kollarımı kavuşturarak.

"Even when you're mad, I'm still your mom. And I love you just the same."

"*Sen kızgın olsan bile ben hâlâ senin annenim ve seni yine aynı şekilde seviyorum.*"

I took a big breath. "What about when I'm shy?" I whispered.
Derin bir nefes aldım. "Peki ya utandığımda?" diye fısıldadım.

"I love you when you're shy too," she said. "Remember when you hid behind me and didn't want to talk to the new neighbor?"
"Utandığında da seni seviyorum." dedi. "Arkama saklanıp yeni komşuyla konuşmak istemediğin zamanı hatırlıyor musun?"

I nodded. I remembered it well.
Başımı salladım. Çok iyi hatırlıyordum.

"And then you said hello and made a new friend. I was so proud of you."

"Sonra 'merhaba' dedin ve yeni bir arkadaş edindin. Seninle çok gurur duymuştum."

"Do you still love me when I ask too many questions?" I continued.

"Peki ya çok fazla soru sorduğumda da beni seviyor musun?" diye devam ettim.

"When you ask a lot of questions, like now, I get to watch you learn new things that make you smarter and stronger every day," Mom answered. "And yes, I still love you."

"Şimdi olduğu gibi çok fazla soru sorduğunda, senin yeni şeyler öğrenip her gün biraz daha akıllı ve daha güçlü hale gelmene tanık oluyorum." diye yanıtladı annem. "Ve evet, seni yine de seviyorum."

"What if I don't feel like talking at all?" I continued asking.

"Ya canım hiç konuşmak istemezse?" diye soru sormaya devam ettim.

"Come here," she said. I climbed into her lap and rested my head on her shoulder.

"Buraya gel." dedi. Kucağına çıktım ve başımı omzuna dayadım.

"When you don't feel like talking and just want to be quiet, you start using your imagination. I love seeing what you create," Mom answered.

"Konuşmak istemediğinde ve sadece sessiz kalmak istediğinde, hayal gücünü kullanmaya başlıyorsun. "Yaratıcılığını görmeyi seviyorum." diye yanıtladı annem.

Then she whispered in my ear, "I love you when you're quiet too."

Sonra kulağıma fısıldadı: "Sessiz olduğunda da seni seviyorum."

"But do you still love me when I'm afraid?" I asked.
"Peki ya korktuğumda da beni seviyor musun?" diye sordum.

"Always," said Mom. "When you're scared, I help you check that there are no monsters under the bed or in the closet."
"Her zaman." dedi annem. "Korktuğunda, yatağın altında veya dolapta canavar olmadığından emin olmana yardım ederim."

She kissed me on the forehead. "You are so brave, my sweetheart."

Sonra beni alnımdan öptü. "Sen çok cesursun tatlım."

"And when you're tired," she added softly, "I cover you with your blanket, bring you your teddy bear, and sing you our special song."

Yumuşak bir sesle ekledi: "Ve yorulduğunda üstünü battaniyenle örterim, ayıcığını getiririm ve sana şarkımızı söylerim."

"What if I have too much energy?" I asked, jumping to my feet.

"Ya çok fazla enerjim olursa?" diye sordum, ayağa fırlayarak.

She laughed. "When you're full of energy, we go biking, skip rope, or run around outside together. I love doing all those things with you!"

Annem güldü. "Enerji dolu olduğunda birlikte bisiklete bineriz, ip atlarız veya dışarıda koşarız. Seninle bunları yapmayı çok seviyorum!"

"But do you love me when I don't want to eat broccoli?" I stuck out my tongue.

"Peki ya brokoli yemek istemediğim zaman da beni seviyor musun?" dedim, dilimi çıkararak.

Mom chuckled. "Like that time you slipped your broccoli to Max? He liked it a lot."

Annem kıkırdadı. "Brokolini Max'e verdiğin zamanki gibi mi? O çok beğenmişti."

"You saw that?" I asked.
"Sen onu gördün mü?" diye sordum.

"Of course I did. And I still love you, even then."
"Tabii ki gördüm ve yine de seni seviyorum, öyle yaptığında bile."

I thought for a moment, then asked one last question:
Bir an düşündüm ve son bir soru sordum:

"Mommy, if you love me when I'm gloomy or mad... do you still love me when I'm happy?"
"Anneciğim, eğer beni üzgünken ya da kızgınken seviyorsan mutlu olduğumda da seviyor musun?"

"Oh, sweetheart," she said, hugging me again, "when you're happy, I'm happy too."
Bana yeniden sarılarak "Ah, tatlım, sen mutlu olduğunda ben de mutlu oluyorum." dedi.

She kissed me on the forehead and added, "I love you when you're happy just as much as I love you when you're sad, or mad, or shy, or tired."
Alnımdan öptü ve ekledi: "Mutlu olduğunda da seni, tıpkı üzgün, kızgın, utanmış ya da yorgun olduğunda sevdiğim kadar çok seviyorum."

I snuggled close and smiled. "So... you love me all the time?" I asked.

Annemin yanına sokulup gülümsedim. "Yani… Beni her zaman mı seviyorsun?" diye sordum.

"All the time," she said. "Every mood, every day, I love you always."

"Her zaman," dedi. "Her ruh hâlinde, her gün, seni hep seviyorum."

As she spoke, I started feeling something warm in my heart.

Annem konuşurken kalbimde bir sıcaklık hissetmeye başladım.

I looked outside and saw the clouds floating away. The sky was turning blue, and the sun came out.

Dışarıya baktım ve bulutların uzaklaşıyor olduğunu gördüm. Gökyüzü maviye dönmüş, güneş ortaya çıkmıştı.

It looked like it was going to be a beautiful day after all.

Görünüşe bakılırsa, her şeye rağmen güzel bir gün olacaktı.